Pins à Feuilles
Persistantes

Livre de Poésie Religieuse

Miriam DeSheers-Ives

ARPress
ILLUMINATING IDEAS.
EMPOWERING VOICES

ARPress
45 Dan Road Suite 15
Canton MA 02021

Fixe: 1(888) 821-0229
Fax: 1(508) 545-7580

Informations pour commander :
Ventes en quantité. Des remises spéciales sont accordées pour les achats en quantité par des entreprises, des associations et autres. Pour plus de détails, veuillez contacter l'éditeur à l'adresse ci-dessus.

Imprimé aux États-Unis d'Amérique.

ISBN-13: Softcover 979-8-89676-086-3
eBook 979-8-89676-087-0

Library of Congress Control Number: 2025914076

Sommaire

À ma mère, mon mari, mon fils et toutes mes sœurs.

Remerciements

L'honneur revient aux humbles, et c'est avec une grande humilité que
je m'agenouille et remercie Dieu de m'avoir inspiré pour rassembler
mes mots et mes pensées afin de produire ce recueil de poèmes.
Je tiens à remercier mon mari, Alfred, et mon fils Michael, qui m'ont
encouragée à terminer ce livre.
Je remercie tout particulièrement ma sœur Vera Joy, qui m'a
encouragée et m'a fait part de ses critiques constructives.
Je suis convaincue que Dieu me guidera dans la bonne direction afin
que je puisse continuer à écrire et produire d'autres volumes.
Priez pour moi, je vous prie, pour trouver la force et le courage de
continuer à écrire afin de rendre gloire à Dieu et d'édifier mes lecteurs
à travers chaque mot écrit.

Venez à la fontaine (Rassurance)

Venez à la fontaine, source de pureté,
Là où l'eau limpide lave l'âme chargée.
Le cœur alourdi par le poids du péché,
Jésus vous y attend, prêt à tout pardonner.

Le pardon est un don, offert sans condition,
Il suffit d'ouvrir son cœur à cette rédemption.
Agenouillez-vous, confiez-lui votre histoire,
Demandez sa grâce, il tiendra sa promesse, sans retard.

Dites-lui vos peines, votre foi, vos douleurs,
Remerciez-le pour la croix, pour ses heures de labeur.
Dites-lui que son nom est le plus doux des chants,
Il prêtera l'oreille et comblera vos attentes.

Demandez, oui demandez ce qu'il faut à votre cœur,
Tant que vous marchez dans la voie du Seigneur.
Alors, vous verrez le Père vous accueillir,
Vous tendre les bras, et vous inviter à venir.

Remerciez le ciel (Bonne fortune)

Vos cœurs sont-ils si pleins que vous ne trouvez pas la paix ?
Dites-lui la joie profonde qui parfois en vous naît.
Lorsque vous gravissez la montagne pour prier,
Déposez vos fardeaux aux pieds du Bien-Aimé.

Priez sans crainte, n'ayez aucune peur,
Dites-lui que vos forces faiblissent à toute heure.
Demandez-lui de vous prendre doucement par la main,
Il marchera avec vous, pas après pas, sur le chemin.

Jamais, non jamais, Il ne vous abandonnera.
Invoquez-le, car vous êtes tout pour Lui.
Il connaît vos pensées, Il lit vos esprits.
Il ne vous dira jamais d'aller voir ailleurs ;

Toujours prêt à vous tendre la main,
Il vous invitera à rejoindre son festin divin.
Écoutez-moi, Seigneur, quand nous nous confions à Toi.
Aide-nous à offrir le meilleur de nous-mêmes, à chaque pas.

Aide-nous à soulager notre prochain de son fardeau,
À tendre la main quand il ploie sous les maux.
Ne permets pas que nous lui tournions le dos.
Il attend d'entendre Ta voix dans chacun de nos mots.

Près de la Croix (Assurance)

Près de la croix, où vous déposez vos fardeaux,
Là où vos âmes redeviennent blanches comme l'eau.
Près de la croix, où vos fautes sont effacées,
Laissez-les là…
Et n'y pensez plus jamais.

Dites-Lui comment vous avez contemplé ses douleurs,
Dites-Lui que vous avez pleuré, impuissants face à l'horreur.
Dites-Lui que vous saviez qu'Il ressusciterait,
Pour vous délivrer du péché et vous libérer à jamais.

Père, la croix est le symbole de notre liberté,
La délivrance des péchés, visibles et cachés.
La liberté de recevoir une place au ciel,
Là où Tu nous attends, Éternel.

Près de la croix, tous nos amis espèrent,
Pour être enfin libres et goûter la lumière.
Tu nous diras que nous avons tout donné,
Puis Tu diras, le cœur en paix :
Bienvenue chez vous, mes enfants bien-aimés.

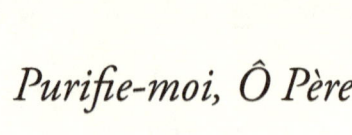

Purifie-moi, Ô Père

Vos cœurs sont lourds, vos esprits obscurcis,
Vos vies sont troublées du matin jusqu'à la nuit.
Vous attendez l'heure sainte de la moisson,
Pour récolter enfin le fruit de vos semailles en toute saison.

Les graines poussent, jour après jour,
Pour nourrir les affamés, pour réchauffer les cœurs d'amour.
Pour conduire les égarés vers Jésus-Christ,
Lui qui vous attend, sans relâche, avec douceur et esprit.

Lavez-nous, Père, de la tête jusqu'aux pieds,
Car Tu es l'eau vive et le sang versé.
Tu es la tête, jamais la queue,
Tu es tout ce dont nous avons besoin, en tout lieu.

Père, envoie sur nous la pluie d'en haut,
Arrose la terre, purifie les maux.
Rappelle-nous que chaque goutte est bénédiction,
Et que tout don parfait descend de Tes cieux en procession.

Quand pourrons-nous lever les yeux sans crainte ?
Ton jour approche, ô Père Saint.
La pluie viendra rafraîchir la terre,
Et ce monde pécheur chantera ta lumière.

Isaïe le prophète (Rassurance)

Isaïe, Isaïe, ô prophète du Très-Haut,
Qu'avez-vous à nous dire, vous qui portez Sa voix ?
Nous savons que le Seigneur vous a confié un message,
Un message pour les nations, un appel pour chaque âge.
Parlez sans crainte, élevez la voix,
Nous vous écoutons — et nous marcherons dans cette voie.

Le Seigneur vous a révélé Sa venue,
Il a dit : « Préparez-vous, Je viens à l'improviste. »
Chaussez vos sandales, levez-vous sans peur,
Le chemin sera long, rude parfois, mais plein d'honneur.

Nous ne faiblirons pas, nous ne reculerons point,
Car le Seigneur marchera avec nous, jour après jour, chemin par
chemin.
Il est parti nous préparer une demeure éternelle,
Et quand tout sera prêt, nous Le verrons dans Sa gloire, lumière
éternelle.

L'histoire (Pardon)

Laissez-moi vous raconter l'histoire,
Comment votre Jésus est mort par amour, sans gloire.
Il est monté au Calvaire, là où l'attendait
La vieille croix rugueuse, dressée dans le secret.
Jésus ne s'est ni plaint ni rétracté — c'était sa croix,
Il savait qu'elle portait la rédemption, pour tous et pour moi.

Ils L'ont élevé haut, puis L'ont laissé retomber,
Mais le Père savait — Il savait ce qui allait arriver.
Il savait que Son Fils reviendrait, trois jours après,
Et qu'ainsi s'accomplirait la promesse de paix.
La foule tremblait, partagée entre crainte et émerveillement,
Le soleil s'est obscurci…
Et tous ont compris, qu'Il était bien le Fils du Dieu vivant.

Agenouillez-vous, priez pour être pardonnés,
Offrez-Lui vos vies, qu'Il puisse les transformer.
Servez-Le avec joie, marchez en Sa lumière,
Venez devant Lui avec des louanges sincères.
Tout ce qu'Il vous demande, c'est votre confiance entière,
Et l'obéissance…
Car il n'est point d'autre manière.

Le voyage (Miséricorde)

Où dois-je aller, ô Seigneur ?
Je suis las de marcher seul.
Et tandis que je regarde le soleil se lever à l'est,
Je sais que mon voyage est loin d'être terminé…
Mais jamais sans Vous, Seigneur.

Vous me dites que je dois avancer,
Que le monde est devant moi, vaste et entier.
Sous la lumière douce du soleil du matin,
Je suivrai le chemin qu'Il trace pour demain —
Mais jamais sans Vous, Seigneur.

Entendez mon cri, écoutez mon appel, ô mon Dieu,
Le soleil est sur le point de se coucher dans les cieux.
Aujourd'hui, j'ai gagné quelques âmes égarées,
J'ai tendu la main, j'ai essayé d'aimer…
Mais il reste encore tant de fardeaux à porter.
Alors j'irai — j'irai les aider…
Mais jamais sans Vous, Seigneur.

Et chaque fois que le soleil s'efface,
Le monde s'incline dans le silence et la grâce.
Les fleurs baissent la tête dans la fraîcheur du soir,
La lune et les étoiles allument l'espoir.
Et moi, à genoux, dans le calme du foyer,
Je rends grâce pour une nouvelle journée…
Mais jamais sans Vous, Seigneur.

La fontaine (Réconfort)

Venez à la fontaine,
Où coule une eau pour tous.
Buvez, soyez rassasiés,
Et jamais plus vous n'aurez soif.

Apportez tous vos réceptacles vides,
Apportez tout ce que vous possédez.
Il les remplira de Son eau vivante.
Il a le pouvoir de réparer toutes les fuites.
Dites-Lui que vos jarres sont usées, fatiguées.

Dites au Gardien de la fontaine que vous avez besoin d'être lavés.
Vous avez été souillés, dehors comme dedans.
Dites-Lui que vous êtes prêts à être purifiés,
Que vous désirez être lavés, purifiés, restaurés.

Dites-Lui que vous avez amené vos vieux amis égarés,
Eux aussi ont soif d'être lavés.
Ils ont apporté leurs récipients vides à remplir.
Dites simplement : « Nous voici, Seigneur.
Remplis-nous et utilise-nous pour Ta gloire. »

Le connaissez-vous (amitié)

Connaissez-vous votre voisin,
Celui qui habite juste à côté,
Celui qui entend vos cris dans la nuit,
Celui qui frappe à votre porte pour vous tendre la main,
Celui dont la présence vous effraie parfois ?

Votre voisin voit, entend, et comprend.
Il vous aide quand vous en avez besoin,
Il vous fait confiance dans sa propre maison.
Chaque jour, il vous offre sa grâce et sa miséricorde.
Jamais il ne vous cache son visage,
Et chaque fois, il vous dit : « Je vous aime. »

Regardez votre voisin droit dans les yeux.
Remerciez-le pour tout.
Merci de garder la lumière allumée pour vous
Quand le chemin devient obscur et que vous ne voyez plus.
Merci de vous nourrir, de vous porter.
Merci pour la joie du salut.
Merci, Seigneur, pour tout.

La route que j'ai parcourue (Guide)

J'ai parcouru cette route maintes et maintes fois,
Je connais chaque virage, chaque arrêt.
Je sais quand il faut presser l'allure,
Et quand il vaut mieux ralentir,
Quand changer de voie, et quand rester fidèle à la mienne.

Je priais pour être guidé, assis derrière le volant.
Je pensais au ciel, à la direction à suivre.
Je réfléchissais aux tournants que j'allais prendre,
Aux haltes nécessaires, aux lignes droites à poursuivre.

Dieu merci, je sens quand je m'égare.
La route sous mes roues devient alors étrangère.
J'ouvre les yeux et je me vois dévié,
Plongé dans les bois où sommeillent tant de secrets,
Les secrets d'une vie perdue sur cette même voie.

Chaque matin, je priais au seuil du jour,
Demandant d'être guidé dans mes trajets.
Cette route a ses fautes, ses failles et ses creux,
Mais elle est vivante, tout comme toi, tout comme moi.

Pourquoi j'existe

Je suis assis ici, seul, en silence,
Je me demande pourquoi je suis là.
Puis une réponse a surgi dans mon cœur,
Et sa clarté m'a rempli de joie.

Je ne suis pas ici pour une simple saison,
Je suis ici pour une vraie raison :
Aimer mon prochain comme moi-même,
Et servir mon Créateur avec foi et sincérité.

Je suis ici pour adorer le Père,
Je m'incline devant Lui avec révérence.
Je prie chaque jour avec gratitude,
Pour cette vie qu'Il a offerte pour moi.

Levez les yeux vers Lui, mes amis,
N'ayez pas peur de goûter à la vie.
Il sait que vous L'aimez de tout cœur,
Lui qui est venu nous sauver de la perdition.

Cette route

Il y a une route que nous devons tous emprunter,
Une route bordée de nombreux panneaux.
Certains pointent vers l'est,
D'autres vers l'ouest,
Et d'autres encore… vers nulle part.

Souvent, nous nous demandons
Si nous suivons vraiment le bon chemin.
Que nous marchions, roulions ou courions,
Le doute ne nous quitte jamais vraiment.
Parfois, nous faisons des détours,
Souvent, nous nous perdons.
Nous nous arrêtons, consultons nos cartes…
Mais le doute reste présent.

Il y a pourtant une route qui pointe vers le ciel,
Une route qui mène à Jésus-Christ.
Elle ne demande ni carte, ni boussole,
Inutile de chercher votre direction.
Servez-Le fidèlement,
Offrez-Lui votre vie,
Et suivez-Le jusqu'au bout du chemin.

Votre valeur

Connaissez-vous votre valeur ?
Elle dépasse l'argent et l'or.
Nul ne peut la compter,
Nul ne peut la mesurer,
Car c'est une valeur que Dieu Lui-même vous a donnée.

Votre talent est sans limite.
Vos paroles attendrissent les cœurs endurcis.
Votre voix résonne jusqu'aux confins du monde,
Elle réveille les âmes fatiguées,
Apaise les cœurs brisés,
Guérit les malades,
Et ramène les égarés vers la maison.

Regardez-vous aujourd'hui.
Vous êtes précieux aux yeux du Seigneur.
Depuis le jour où vous avez été conçus,
Il savait que vous seriez appelés à de grandes choses.
Il savait que vous seriez un phare sur la colline,
Une lumière dans un monde obscur,
Un ami pour ceux qui sont seuls,
Un être proche de son Père céleste…
Qui attend, humblement, sa récompense.

Cette pièce

Je me tiens seule dans cette pièce,
Me demandant ce que je fais ici.
Il n'y a personne pour m'entendre,
Personne pour répondre à mon appel,
Personne d'autre que moi dans cette pièce.

Mais le silence ici n'est que passager,
Car je m'agenouille pour prier les cœurs fatigués.
Et soudain, je sens les mains de Dieu sur mon épaule,
Tandis que des pas approchent, lents et pleins d'amour.

Priez pour moi, mon ami,
Je suis faible, et mon cœur est lourd.
Il est rempli d'un vide profond.
Je vous ai entendu supplier le Père…
Regardez vers Lui aussi pour moi.
Je suis un pécheur qui se repent.
Père… sauvez-moi.

Je suis ton enfant

Mère, je suis ton enfant,
Celui que tu as demandé à Dieu dans tes prières.
Tu as jeûné, tu as supplié avec ferveur…
Et Dieu t'a exaucée.
Alors, traite-moi comme ton enfant.

Tes bénédictions seront abondantes,
Écoute simplement les élans sincères de ton cœur.
Le monde attend que tu m'ouvres les bras.
Mes yeux ont suivi tant de pas…
Mes oreilles ont reconnu leurs voix…
Mais mon cœur, lui, aspire à la joie de voir leur visage.

Traite-moi comme ton enfant.
Mon panier déborde d'huiles précieuses,
Prêtes à oindre les pieds du Sauveur.
Mes larmes coulent comme une rivière,
Et mes cheveux ont poussé pour une raison sainte.
Mère… traite-moi comme ton enfant.
Mère, je suis ton enfant.

Accusée

J'ai été accusée d'être pécheur,
J'attendais d'être jugée, condamnée, rejetée…
Mais la grâce du Maître est intervenue :
Elle a brisé mes chaînes — je suis sur le point d'être libre.

Je suis libérée du fardeau du péché,
Des mensonges, de la tromperie, de la mort et de l'enfer.
Je suis libérée du poids de ce monde,
Alors que j'attends, le cœur ouvert, mon heure de liberté.

Cette liberté, je l'ai trouvée en plaçant ma confiance en Jésus.
Seigneur, Tu as entendu mes prières les plus profondes,
Alors que j'élevais la voix dans un chant sincère.
J'ai crié : « Seigneur, prends-moi tel que je suis »…
Et Tu m'as murmuré :
« Je t'ai aimée depuis toujours. »

Un coup à la porte

Entendez-vous frapper à votre porte ?
Il frappe au seuil de votre cœur.
Allez-vous Le laisser entrer ?
Il y a Quelqu'un qui vous cherche.

Il connaît votre nom, votre nombre.
Il n'est pas un étranger pour votre famille.
Il vous connaissait avant même votre naissance.
Il savait déjà qui vous deviendriez.

Il m'a confié un message pour vous :
Il vous aime tels que vous êtes.
Faites-Lui confiance, croyez en Lui…
Et Il vous donnera la vie éternelle.

Maman

Maman, tu m'entends ?
Tu m'as mise au monde
Tu m'as appris tout ce que tu savais
Tu m'as donné la vie sans rien demander en retour
Tu m'as tout donné

Tu m'as aimé sans condition
Tu as passé des nuits blanches à me bercer
Tu as passé d'innombrables journées à m'apprendre
Tu as passé ta vie à me protéger

Tu m'as appris à prier
Tu m'as appris à aimer
Tu m'as parlé d'un homme appelé Jésus
Tu m'as appris à l'adorer et à le servir
Mais surtout, maman, tu m'as montré
Le chemin qui mène au Calvaire

La vallée

Quand je me retrouve dans la vallée,
Je lève les yeux vers le ciel.
Je vois les cimes des montagnes…
Et je loue le Seigneur de toutes mes forces.
Ma vallée commence à s'élever.

Combien de temps devrai-je rester dans cette vallée ?
Seigneur, conduis-moi vers les hauteurs.
Permets-moi de chanter l'Alléluia,
Donne-moi la force de gravir les sommets.
Ils se rapprochent… je les sens.

Cette vallée connaît mes peurs,
Elle recueille chacune de mes larmes.
Elle me protège du mal,
Comme Toi, Seigneur, Tu m'as enveloppé de Tes bras.
Écoute-moi maintenant, ô mon Dieu.

Je gravis la montagne avec Toi.
Mes peurs, mes espoirs et mes rêves sont là, avec moi.
Je Te prie de m'y conduire sain et sauf.
Et ici, Seigneur, j'incline la tête…
Puis je la relève,
Au sommet de la montagne.

Le rocher

Emmène-moi vers ce Rocher, le plus haut de tous.
Laisse-moi y boire le nectar de l'Esprit.
Laisse-moi m'asseoir sur ce Rocher
Car ce Rocher, c'est Jésus.

Laisse-moi toucher ce Rocher, sentir la douceur de Ses mains.
Laisse-moi voir, sur ce Rocher, la bannière tachée de sang.
Laisse-moi prier ce Rocher pour qu'Il me donne la force…
Car ce Rocher, c'est Jésus.

Jésus, je sais que Tu es mon Rocher.
Tu me protèges du mal et des douleurs.
Tu me soutiens quand mes forces s'effondrent.
Tu me murmures toujours des mots d'amour à l'oreille.
Car ce Rocher, qui s'appelle Jésus,
Veille sur moi… et sur toi aussi.

À la dérive

Je dérive sur la mer des fugitives.
Les vagues en colère tentaient de me retenir.
Mais la voix de Dieu grondait dans la tempête,
Attendant simplement que je Lui obéisse.

Je dormais, ballottée dans ce bateau en détresse,
Je rêvais à des jours meilleurs…
Je ne savais pas que Dieu me suivait pas à pas.
Il savait où j'étais,
Car c'est Lui qui m'avait envoyée sur ce chemin.

Seigneur, je ne peux plus Te fuir.
Je suis un fardeau pour ceux qui m'entourent.
Parle à mon cœur, Seigneur Jésus —
Je T'écoute désormais, et je T'obéirai.

Jette-moi par-dessus bord… et laisse le bateau partir.
Mon Sauveur suivait les eaux avec moi.
Il m'a saisie sans hésiter,
Et m'a ramenée, saine et sauve, sur la terre ferme.

Une place pour lui

Avez-vous une place pour Lui ?
Il frappe doucement à votre porte.
Laissez-Le entrer, sans rien demander…
Car Il a déjà payé le prix, là-haut, au Calvaire.

Il ne porte ni bagages, ni argent.
Il ne vient pas pour prendre, mais pour donner.
Il arrive avant que d'autres ne vous détournent.
Ouvrez-Lui votre porte, avant qu'il ne soit trop tard.

Il vous attend… patiemment.
Abandonnez vos soucis à ses pieds.
Ouvrez-Lui la porte de votre cœur.
Laissez-Le y demeurer… librement.

Ma mer rouge

Alors que j'approchais de ma mer Rouge,
Sans aucun refuge, sans issue devant moi,
Pharaon et son armée étaient à mes trousses.
J'entendais battre mon cœur si fort
Qu'il couvrait le grondement de leurs pas.

Mon cœur était prêt à éclater de peur.
Mais j'ai entendu une voix qui m'appelait…
Elle me disait d'avancer, de ne pas m'arrêter.
Et portée par cette assurance,
Je n'ai pas abandonné.

Qui me pousse ainsi ?
Je suis au bord de la mer Rouge.
« Fais-moi confiance, mon enfant,
Entre dans l'eau. »
Alors je suis entrée dans l'eau.
Mais l'armée était toujours derrière moi.

J'ai marché… jusqu'au bout.
J'ai vu la terre ferme remplacer les eaux.
Je me suis retournée, et il n'y avait plus d'armée.
Car le Seigneur…
Prend soin des siens.

Un ami

Parfois, mes journées me semblent interminables.
Et parfois, mes nuits n'en finissent pas.
Dans ces instants-là, j'ai besoin d'un ami
Pour porter avec moi ces longues heures
Sombres, et privées de sommeil.

Je me demande alors quel ami je peux appeler,
Qui ne serait pas trop occupé pour m'écouter.
Je me tourne, je me retourne dans mon lit,
Quand soudain, j'entends au loin une petite voix…

Je ne sais pas à qui appartient cette voix.
J'ai peur… Je m'agenouille près de mon lit.
Et la voix revient, douce et rassurante.
J'ouvre les yeux… et je vois un visage familier.
C'était le visage de Jésus.

Les portes du Paradis

Vous êtes-vous déjà promenés aux portes du Paradis,
En vous demandant comment vous étiez arrivés là ?
La porte n'a pas de serrure.
Il n'y a personne pour vous laisser entrer.
Tout ce dont vous avez besoin,
C'est d'être couverts par le sang de Jésus.

Vous ne connaissiez pas cette condition.
Vous avez attendu, attendu, et personne n'est venu.
L'ange a vu votre frustration.
L'ange vous a demandé qui vous cherchiez.
Vous ne connaissiez même pas son nom.

L'ange vous a posé quelques questions supplémentaires.
Vous lui avez dit qui vous cherchiez.
Il vous a dit de vous agenouiller et de prier Jésus.
Il n'est jamais trop occupé pour répondre à votre appel.
Puis la porte s'est ouverte en grand,
Et je suis entrée.

Retour aux sources

Alors que nous voyageons dans le train céleste,
Nous sommes en route vers la terre de la gloire.
Nous n'emportons aucun bagage…
Tout ce que nous avons,
C'est notre vie nouvelle.

Il n'y a pas de conducteur dans ce train.
Nos billets ont été achetés par le sang de Jésus.
Les sièges portent nos noms.
Notre ami connaît chacun de nous.
Et nous partageons un seul nom :
Le nom de Jésus.

Alors que nous traversons chaque tunnel,
Nous chantons, nous louons le Seigneur.
Nous prions pour un voyage paisible,
Car nous savons ce qui nous attend :
Les bras aimants de Jésus.

Les jours de tempête

Voyez-vous les nuages s'amonceler ?
Le ciel bleu s'assombrit…
Entendez-vous ce que murmure le vent ?
Il est temps de vous préparer.

Voyez-vous les éclairs zébrer le ciel ?
Entendez-vous le tonnerre gronder ?
Sentez-vous les premières gouttes de pluie ?
Une tempête approche.

Avez-vous été avertis de celle-ci ?
Étiez-vous prêts à affronter cette tempête ?
Il nous dit de chercher un abri,
De rentrer, et de fermer les portes.

C'est une tempête violente.
Elle brise les arbres comme des brindilles,
Elle emporte les toits comme des feuilles de papier.
Mais nous nous agenouillons, et nous prions Jésus.
Il nous assure qu'Il est présent dans la tourmente.
Nous ne devons jamais avoir peur…
Il nous aidera à traverser cette épreuve.

La source

Il y a une fontaine à laquelle nous devons tous boire.
Ce n'est pas la fontaine de jouvence,
Ni celle de la prospérité…
C'est la fontaine qui lave les péchés.

Puis-je me baigner dans cette fontaine ?
Faut-il de l'argent pour être lavé ?
Dites-moi le prix, je le paierai volontiers —
Mes coffres sont pleins,
Je peux payer en or.

Écoutez, mon ami :
Nous n'acceptons pas d'argent.
Tout ce que vous devez faire,
C'est vous agenouiller devant la croix,
Et mettre à nu votre âme pécheresse.

Regardez Jésus en face,
Demandez pardon avec un cœur sincère.
Alors, vous boirez gratuitement à la fontaine…
Et vos péchés seront effacés.

Envolez-vous

Je vais m'envoler vers la gloire,
Mais j'ai besoin de mes ailes avant de partir.
Mes ailes naîtront de mon œuvre sur cette terre.
Tout ce que j'ai à faire,
C'est avoir confiance… et croire.

Croire que le ciel n'est pas la limite.
Non — le ciel est ma limite.
Unissons nos mains et nos cœurs,
Prions, accomplissons la volonté de Dieu.
Alors, Il nous donnera des ailes
Pour nous porter jusqu'à l'éternité.

Un matin radieux, nous recevrons nos ailes.
Nous quitterons cette terre, légers comme l'air.
Nous planerons au-dessus des nuages,
Nous embrasserons les étoiles sur notre passage…
Et nous atterrirons
Sur les rivages lumineux du paradis.

Seule

Quand mes jours sont sombres et mornes,
Mes nuits longues et solitaires,
Le sommeil ne vient jamais.
Alors, je tends la main vers Dieu —
Vers ces mains marquées par les clous,
Ces mains qui appellent les pécheurs à venir à Lui.

Quand mes prières restent sans réponse,
Mes larmes coulent comme un fleuve.
Mes cris se perdent dans le lointain.
Mes pieds sont fatigués d'avoir trop marché.
Mon cœur est trop lourd pour s'abaisser…
Car ma foi semble faible.

Alors, tournez votre regard vers Jésus.
Parlez-Lui de vos jours sans lumière,
Parlez-Lui de vos nuits de solitude,
Parlez-Lui de vos heures d'insomnie.
Il est Celui qui console.
Il vous donnera ce dont vous avez besoin :
Le repos éternel.

Les rêves

Alors que je traversais cette vie aux rêves inassouvis,
Ma vision n'allait que dans une seule direction.
Elle m'a montré de hautes montagnes et de profondes vallées,
Des pâturages verts, des eaux limpides…
Et la promesse de poursuivre le sens.

Les rêves sont parfois pour vous,
Parfois pour moi.
Souvent, nous ne voulons pas sortir d'un beau songe…
Alors, nous y restons, le cœur suspendu.
Il nous arrive d'ouvrir les yeux avec tristesse,
Et parfois, avec joie.

Rêvez, mes sœurs, mes frères, mes amis.
Priez Dieu pour comprendre.
Les rêves ne suivent pas toujours la route droite.
Ils serpentent, s'élargissent, se resserrent.
Mais pendant que nous tentons de percer le mystère des rêves…
Tendons aussi la main vers le Sauveur.
Car c'est Lui qui nous fera traverser.

Pardonnée (Assurance)

Savez-vous que vos péchés peuvent être pardonnés ?
Apportez-les simplement au Seigneur, dans la prière.
Jamais Il ne vous demandera pourquoi vous les avez commis —
Il vous accueillera avec une robe… et une couronne.

Vos fautes peuvent être vastes comme le ciel,
Peu importe qu'elles soient grandes ou petites.
Une fois nommées péchés,
Elles peuvent être lavées,
Et vous serez pardonnés — il suffit de le demander.

Quand vous venez déposer vos péchés devant le Seigneur,
Il vous demande de tout Lui remettre.
Ne L'interrogez pas sur les raisons de Son pardon :
Il est monté au Calvaire pour tout accomplir.

Priez sans relâche.
Demandez comme un enfant confiant.
Pliez les genoux, criez vers Lui —
Il soulèvera le poids de vos fautes,
Et les jettera… dans la mer de l'oubli.

Où puis-je aller ?

Où puis-je aller pour trouver la paix ?
Où puis-je aller pour être enfin rassasiée ?
Où puis-je aller pour trouver un ami ?
Je me demande…
Si trouver un ami pourrait combler ce vide.

Regardez le monde dans lequel vous vivez —
Il déborde de fautes, trop nombreuses pour être comptées.
Et pourtant, c'est ici que peut naître la paix…
Votre vie elle-même peut devenir
Une colline sacrée.

Puis-je déposer mes fardeaux à Tes pieds ?
Puis-je pleurer sur Tes épaules, comme le font les vrais amis ?
Puis-je Te demander de me guider, de me diriger…
Et de m'aider à trouver la paix,
Cette paix qui surpasse toute intelligence ?

Mon Valentin

Ne vous apitoyez pas en ce jour de la Saint-Valentin.
Ne vous dévaluez pas pour être avec quelqu'un.
Pensez à Celui que Dieu a préparé pour vous.
Attendez que le Seigneur vous envoie cette personne.

Votre amour n'est pas enveloppé dans du papier,
Il ne repose pas dans un vase rempli de fleurs.
Il ne se cache pas dans une boîte de chocolats,
Il n'est pas inscrit sur un morceau de papier qu'on appelle carte.
Enveloppons notre amour dans les bras aimants de Jésus.

Aujourd'hui est un jour comme un autre,
Il passe, nous laissant pâles et fanés.
Nous faisant sentir que notre temps a été bien employé.
Tournez-vous vers Celui que vous aimez et dites :
« Merci, Seigneur. »
Élevons-Le,
Alors qu'Il nous prépare Celui qu'Il a formé pour nous.

Je Te remercie, Seigneur, pour cet amour.
L'amour, c'est avoir envoyé Ton Fils mourir pour nous.
Il est mon Valentin.
Il est ma rose.
Il est mon chocolat.
Il est ma carte.
Il est tout pour moi.

Miroir, miroir

Vous êtes-vous regardés dans le miroir aujourd'hui ?
Pouvez-vous vous voir comme le reflet de Jésus ?
Vous voyez-vous suivre Ses voies ?
Obéir à Ses commandements ?
Et espérer Le rencontrer un jour, face à face ?

Miroir, miroir,
Je te parle.
Je te demande : montre-moi qui je suis vraiment.
Aide-moi à me voir comme le Seigneur me voit.
Aide-moi à être celle qui me regarde,
Jamais le reflet d'une autre.

Miroir, miroir,
Je me tiens devant toi.
Seule, le cœur brisé, accablée de tristesse.
Triste devant ce visage qui me fixe.
Je veux voir un visage heureux,
Un visage qui brillera un jour…
Comme l'étoile du matin.

Mon enfant

Voici l'enfant que le Seigneur m'a donné.
Il m'a dit que cet enfant serait un fils.
Il m'a dit qu'il s'appellerait Spiritual —
Un fils qui brillera comme l'étoile du matin.

Ce fils déplacera des montagnes.
Il marchera dans les pas de Jésus.
Il rappellera les égarés à la maison.
Il conduira les perdus vers le Seigneur.
Et il chantera les louanges du Roi.

Ce fils sera un phare dans la nuit.
Il soulagera les opprimés.
Il tendra la main aux pauvres.
Il nourrira ceux qui ont faim.
Il guidera les âmes perdues.
Et jamais il ne détournera les yeux de son Père —
Car il est un cadeau venu du ciel.

Mon fils

Mon fils entend ma voix,
Il écoute de tout son cœur.
Il répond sans se plaindre,
Et il vient, tel qu'il est.
C'est le fils que tu m'as donné.

Il œuvre pour toi, cher Seigneur.
Il marche dans tes pas.
Il lit ta parole chaque jour,
Et il te prie avec ferveur.
Seigneur, c'est le fils que tu m'as donné.

Aide-le, Seigneur, à toujours accomplir ta volonté,
À traverser ce monde obscur à tes côtés,
À tenir fermement ta main fidèle,
À crier ton nom depuis les hauteurs,
À proclamer ta gloire au monde entier…
Seigneur, voici le fils que tu m'as donné.

Bénis cet enfant qui est le mien, cher Seigneur.
Conduis-le, guide-le selon ta sagesse.
Aide-le à t'amener ses amis,
En menant une vie qui te glorifie,
Une vie qui reflète tout ce que tu es.

Maintenant, le jour est fini

Maintenant, le jour est fini,
La nuit approche à grands pas.
Nous avons tous œuvré avec ardeur aujourd'hui.
Il est temps de se reposer…
Reposez-vous, car demain est un autre jour.

Demain n'est promis à personne.
Nous avançons, le regard tourné vers l'aube.
Mais que possédons-nous pour demain ?
Remercions Dieu pour aujourd'hui,
Et espérons qu'un nouveau matin viendra.

La nuit nous enveloppe de silence.
Nous nous recroquevillons, blottis dans la paix.
Nous écoutons le chant doux des oiseaux,
Nous voyons les fleurs doucement se fermer.
Nous nous agenouillons pour prier le Père,
Et Le remercier pour cette journée donnée.

Père, alors que je ferme les yeux pour dormir,
Et que mes mains fatiguées se posent en paix,
Je Te prie de me donner sagesse et force…
Pour affronter demain,
Et vivre une nouvelle journée.

Il fut un temps

Le jour où tu es né,
Dieu nous a tous donné un temps.
Un temps pour œuvrer, un temps pour se reposer,
Un temps pour semer, un temps pour récolter.
Et quand je repense au chemin parcouru,
Je rends grâce à Dieu pour mes années de semailles.

Cher Dieu, Tu me vois à chaque instant.
Je prie, je chante, je T'élève.
Je compte mes bénédictions en années,
Non en larmes versées.
Je Te remercie, Seigneur, pour tout.

Aujourd'hui, alors que je m'approche de mes années dorées,
Je connais désormais le Créateur intimement.
Les années passées à genoux dans la prière
M'ont offert cette longue vie, remplie de Ta paix.
Il est maintenant temps de dire au Gardien de mon âme :
« Merci, Seigneur, pour tout. »

Le Calvaire

Le Calvaire signifie tant pour nous.
Il nous rappelle l'amour du Sauveur.
Un amour que vous seuls connaissez dans vos cœurs,
Un amour qui remplit l'âme tout entière.
Cet amour ne s'achète ni ne se vend —
C'est l'amour du Sauveur.

Appelez Jésus votre Père.
Oui, Il est venu parmi nous en chair.
Il a marché ce chemin, comme chacun de nous.
Il a été tenté, éprouvé,
Haï, rejeté…
Mais jamais Il ne nous a rejetés.

Les ténèbres ont couvert la terre.
On L'a déposé dans un tombeau prêté.
Des anges sont venus veiller près de Lui.
Des femmes cherchaient son corps avec douleur…
Mais tôt, si tôt, ce dimanche matin,
Il s'est relevé, rempli de puissance et de gloire.
Et c'est alors que vous avez su qu'Il l'avait fait…
Pour vous. Pour moi.

Le pain de tous les jours

Seigneur, je viens à Toi pour mon pain de tous les jours.
Quand je m'agenouille devant Toi,
Je Te dévoile mon âme.
J'ai erré toute la journée,
À la recherche de ma route.
J'entends mon cœur endolori
Me murmurer : « Fais encore un pas. »

Mon pain quotidien, ce sont Tes paroles vivantes.
Elles remplissent mon cœur vide.
Je me tourne vers Toi pour que Tu garnisses
Mon assiette de bénédictions —
Cette assiette qui ne se vide jamais.

Donne-moi encore du pain, ô Seigneur.
Il me fortifie pour le voyage.
Je croise des voyageurs las et affamés,
Qui n'ont jamais goûté à ce pain…
Et ils se demandent pourquoi
Mon chemin semble si paisible.

Alors, je leur dis de me suivre.
Je m'agenouille avec eux et je parle
Au Distributeur du pain quotidien.
Leurs cœurs s'émerveillent dans la lumière,
Car eux aussi… reçoivent leur part du pain de vie.

L'Éden

Avez-vous vu le jardin d'Éden ?
Il fut créé par notre Père céleste.
Il y planta une multitude d'arbres,
Et le confia à l'homme pour qu'il le cultive,
Lui donnant des instructions simples
À suivre, jour après jour.

Adam, en tant qu'homme,
Reçut une compagne pour l'épauler.
Ils travaillèrent ensemble, sans relâche…
Mais finirent par désobéir
Au Maître des lieux,
Qui dut les laisser partir.

Ils demandèrent pardon au Créateur.
Il leur offrit Sa miséricorde, sous condition.
Il fit garder Son jardin,
Et bannit Ses ouvriers de certains champs.
Mais à la fin, Dieu leur rappela :
« Je vous aime… mais vous devez obéir. »

Des ailes

Si je me retrouvais avec des ailes comme un oiseau,
Je m'envolerais vers un endroit nouveau.
Vers un lieu où m'installer,
Un endroit tranquille et doux,
Un lieu de repos paisible.

J'aimerais pouvoir voler haut dans le ciel,
Me percher sur un arbre, sous un vent fraternel.
Je voudrais contempler la beauté d'en haut,
Puis revenir dans mon nid chaud,
Un cocon tendre et invisible,
Un lieu de repos paisible.

Je serais heureuse comme un oiseau libre,
Je ne tournerais plus en rond, sans équilibre.
Je passerais mes journées à monter toujours plus haut,
Jusqu'à toucher le halo
Des cieux, purs et accessibles —
Un lieu de repos paisible.

En tant qu'oiseau, je remercierais mon Créateur.
Je Le louerais pour m'avoir fait avec douceur.
Je L'adorerais sans cesse, sans fin,
Et je réciterais ce chant divin,
Que seuls Dieu et les oiseaux rendent audible —
Dans un lieu de repos paisible.

Ma Croix (Assurance)

Porteriez-vous la croix pour Jésus ?
C'est une croix que nous devons tous porter.
Lui, Il l'a portée sans jamais rougir,
Il s'y est accroché sans faillir,
Car Il savait que cette croix, c'était la sienne,
Pour vous… et pour moi.

Donnez-moi cette vieille croix de bois,
Celle que mon Sauveur porta jusqu'au Calvaire.
Il s'est penché sous son poids immense —
Mais ne pleurez pas, elle n'était pas trop lourde,
Il l'a portée avec espérance.

La croix que mon Sauveur a portée,
Ce n'était pas pour Lui… c'était pour moi.
Il a parlé à Son Père avec foi,
Puis Il a baissé la tête…
Et Il est mort.

Sauveur, j'aime cette vieille croix rugueuse,
Celle qui m'a libérée du péché, de la honte douloureuse.
C'est mon espoir pour l'éternité,
Tant que je porterai cette croix avec fidélité.

Le pain

Avez-vous faim du pain de vie ?
Celui qui est le corps du Christ.
Quand vous mangez ce pain, souvenez-vous :
C'est en mémoire de Sa croix pour nous,
De sa mort, de son ensevelissement,
Et de sa résurrection.

Avez-vous soif de la boisson de vie ?
C'est le sang du Christ que vous buvez.
Il rappelle sa vie sur cette terre,
Sa crucifixion sur le mont Calvaire,
Sa passion vers notre rédemption.

Réunissons-nous et faisons la fête.
Préparons la table pour l'Épouse prête.
Nous mangerons, nous boirons,
Et dans la joie nous nous réjouirons,
Car ce Christ qui est parti revient.

Voyez ! Le Père attend là-haut.
Il dit à Jésus : « Va chercher les vôtres, les beaux. »
Ceux qui ont donné leur vie à Ses paroles,
Ceux qui ont fait briller leur lumière dans ce monde sans
boussole,
Ceux qui ramènent les perdus vers la maison.

Le repos

Le soleil se lève à l'est,
Il vous murmure qu'un nouveau jour commence.
Un jour rempli d'inconnues,
Un jour que le Seigneur a façonné,
Un jour qui vous appartient, à vous… et à moi.

Regardez le ciel, observez les nuages qui glissent,
Ils dessinent des formes, des messages sans malice.
Des images qui parlent plus que mille discours,
Des nuages portés par le vent chaque jour…
Ils écoutent la voix du Seigneur.

Voici que le soir est tombé.
Voyez, le soleil se couche à l'ouest.
Il nous annonce que la journée s'achève.
Alors élevons une prière sincère :
Un grand merci au Seigneur pour cette lumière.
Et espérons que ce jour fut, pour chacun,
Un souffle de paix, un moment divin.

Ne gardez aucun regret pour ce qui fut donné.
Il est temps de reposer vos âmes fatiguées.
Prions ensemble pour un nouveau matin,
Avec l'espoir, simple et plein,
Qu'il soit meilleur que celui d'aujourd'hui.

Une colline accidentée

Je marche sur le versant accidenté de la colline,
Attendant qu'une main apaise ce sentier fragile.
Je pars à la recherche d'une paix sincère,
Une paix qu'aucune richesse ne peut satisfaire.

Emmenez-moi au-delà des pentes raides,
Là où les nuages caressent les crêtes,
Je vois une lumière percer là-bas,
Une beauté que rien ici-bas n'égale, pas même l'au-delà.

Laissez-moi contempler ton visage, Seigneur aimé,
Car c'est Lui seul qui peut me guider.
Ton ombre nous suit, pas après pas,
Tu nous protèges des pièges de ce combat,
Et tu nous poses en sécurité, de l'autre côté.

Si nous faiblissons, Seigneur, soutiens-nous.
Laisse-nous nous tenir debout, forts de foi et de vœux.
Que les collines s'aplanissent sous nos pas lassés,
Ces pieds qui marchent sans relâche, obstinés,
Assez longtemps… pour atteindre les âmes égarées.

La vie de chrétien

Alors que je traverse cette vie chrétienne,
Guide mes pas pour que je ne trébuche point, Seigneur.
Et si je trébuche,
Aide-moi à ne pas tomber.
Et si je tombe,
Donne-moi la force… de me relever.

Conduis-moi à travers la forêt profonde,
Que ton visage soit ma lumière, féconde.
Que ta présence éclaire mes jours,
Et laisse-moi te suivre, toujours…
De près, avec amour.

Sans toi, je serais égarée,
Comme un navire sans cap, sans vérité.
Sans toi, cher Seigneur bien-aimé,
Je serais comme ces âmes enfermées,
Sans message… pour revenir à la clarté.

L'eau

Avez-vous vu l'eau aujourd'hui ?
Elle est claire, sereine et calme.
Vous pouvez marcher sur cette eau
Comme Pierre l'a fait autrefois,
Avant que l'incrédulité ne trouble sa foi.

Nous nous rassemblons tous au bord de l'eau,
Car l'heure est venue pour le Maître d'agir bientôt.
Tous ceux qui souhaitent purifier leur âme,
Entrez, avancez sans blâme…
Et soyez guéris dans les flots.

Entrez, n'ayez aucune peur.
Il n'y a ni vent, ni bruit, ni fureur.
Jésus se tient sur la rive du fleuve,
Il vous appelle d'une voix neuve.
Il y a de l'amour, de l'espoir, de la rédemption
Pour tous ceux qui croient avec conviction.

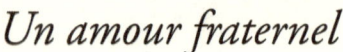

Un amour fraternel

Aspirez-vous à avoir un ami assis à vos côtés ?
Quelqu'un qui vous tiendrait la main quand le monde chancelle,
Un ami qui vous murmurerait du courage,
Quelqu'un qui vous dirait :
« Demain sera meilleur. »

Quelqu'un qui connaît le lendemain,
Quelqu'un qui vous aimait avant même votre premier matin,
Quelqu'un qui vous promet un avenir meilleur —
Où il n'y aura ni maladie,
Ni larmes, ni douleur.

Avez-vous déjà rêvé d'un tel jour ?
Celui où nous laisserons cette enveloppe de chair
Pour quelque chose de plus grand, plus pur, plus clair.
Quand nous marcherons sur des rues d'or,
Assis près de Jésus, vêtus d'une robe, d'une couronne encore…
Dites-moi que vous aspirez à y aller.

Mais avant d'y entrer, mon frère, ma sœur,
Vous devez connaître le chemin du bonheur.
Faites confiance à notre Père, obéissez-lui.
Demandez-lui le pardon, en toute vie.
Confiez-lui ce que votre cœur contient…
Il vous pardonnera.
Et vous donnera, dans la gloire,
Une demeure sans fin.

À propos de l'autrice

Enfant, Miriam DeSheers a grandi dans une famille chrétienne entourée de six frères et sœurs. Pour trouver sa propre manière de servir Dieu, elle devait parfois s'éloigner du tumulte familial et du bruit constant de la mer, omniprésent autour d'elle.

On leur rappelait souvent d'adorer Jésus-Christ, et de ne reconnaître d'autre Dieu que le Dieu vivant et véritable. Un jour, à l'école du dimanche, on leur raconta la parabole des trois hommes et de leurs talents : ceux qui les firent fructifier furent récompensés, mais celui qui cacha le sien le perdit.

Cette histoire interrogea Miriam : avait-elle, elle aussi, un talent ? À cette question, ses enseignants répondirent simplement : « Cherche, et tu trouveras. » Ces mots marquèrent le début d'une quête intérieure. Si elle découvrait un talent, elle avait la ferme intention de ne pas l'enfouir.

C'est ainsi que l'écriture s'est imposée à elle. Cette idée resta en elle, discrète mais persistante, jusqu'au jour où, à la suite d'un rêve, elle se demanda comment adorer Dieu à sa façon. Dieu lui enseigna alors que l'on pouvait l'adorer et le glorifier à travers des mots, des phrases, des poèmes. Miriam s'est alors donnée pour mission d'aider les autres à découvrir, par des paroles inspirées, la grandeur de Celui qu'elle célèbre.

www.ingramcontent.com/pod-product-compliance
Lightning Source LLC
Chambersburg PA
CBHW031237120626
46545CB00003B/1153